Emily Dickinson

Párrafos de Viento

Edición bilingüe

sabina
editorial

Poesía, Palabra, Voz

La escritura de Emily Dickinson no se deja domesticar de ninguna manera, ni por estilos, ni por temas, ni por contenidos, ni por títulos; tampoco por secuencias convencionales, por cronologías y datos biográficos manipulados o por cualquier otro rasgo que pueda incitar a clasificarla o encasillarla. Quienes disfrutamos y estudiamos su obra solo podemos hacer propuestas personales de lectura que inviten a conocer la inaudita celebración de la palabra que nos ha legado la autora. Entre los más de cuatro mil documentos manuscritos conocidos hasta ahora hay poemas, cartas, fragmentos inacabados, notas breves, recados, recetas y borradores, todo ello conservado con múltiples variantes que ella dejó anotadas, pero sin "instrucciones" para conformar una obra ajustada a las reglas comúnmente establecidas en las tradiciones literarias.

La poeta regala libertad a quienes se acercan a ella respetando lo que escribió en uno de sus poemas: "Mi mensaje ha de ser dicho", es decir, respetando su vida, sus palabras y su forma de expresión original y distinta.

Ella crea un estilo propio mediante sus característicos guiones, el uso de las mayúsculas y la distribución de los versos y estrofas, además de la sintaxis, el vocabulario y la propia caligrafía que hace inconfundibles sus manuscritos.

La selección que presentamos aquí, *Párrafos de Viento*, forma parte del proyecto "Nuestra Biblioteca Emily Dickinson" de Sabina editorial y es también un nuevo título de la colección MÍNIMA de poesía. El placer de volver una y otra vez a sus manuscritos, de traducirlos, de leerlos en voz alta, de ahondar cada vez más en la obra inagotable de Emily Dickinson, nos motiva a continuar con este proyecto. Si logramos contagiar algo del entusiasmo que compartimos al leerla, cumpliremos nuestro deseo de difundir su obra con la mayor fidelidad posible. Una obra poética en la que las palabras se corresponden con las cosas con verdad, belleza y hondura.

En esta ocasión nos hemos dejado guiar por su manera de traernos la **Poesía**: "Tal como la Noche sigue / yendo a por Estrellas" [poema 253][1], sabiendo que "Los Verdaderos Poemas / huyen" [1491] pero que también

---

[1] Los números entre corchetes se refieren a la numeración más conocida internacionalmente de los poemas de Emily Dickinson.

llegan con "Su fuego" [703]. Ella sabe de su don, de su riqueza: "Me fue otorgada a mí por / los Dioses" [455] y eso le da felicidad "con un Contento / nuevo – / Que siente para sí – como / Sacramento –" [587], una felicidad que para ella resume la grandeza del universo, "Así que escribo – Poetas – Todo –" [533]. La huella que le deja la poesía de otra autora grande, Elizabeth Barret, la expresa diciendo cómo quedó encantada cuando leyó por primera vez "a aquella Dama Extranjera" [627]. O la admiración que siente ante quien escribiendo poesía "Destila sentido asombroso / De Significados Corrientes –" [446].

Después hemos seguido el rastro de la **Voz**, que para ella "representa Abundancia" [1207], pero que a veces se muestra esquiva, "Tratar / de hablar" [1629], "Si pudiera decir" [1725], "Enunciar el hechizo rebajaría" [1689], "la Definición de / Belleza" [797. Carta 118], o "La comunicación perfectísima" [1694] junto a "La Impotencia de decir" [540], pero también la afirmación de que "Hay Rescate / en una Voz –" [1300], y el consejo "Di toda la Verdad / pero dila sesgada –" [1263].

Otro rastro ha sido la **Palabra** que, cuando es dicha, "justo empieza a vivir / Ese día" [278], aunque nunca alcance a nombrar "Esa parte de la Visión / Que la Palabra aspiraba / a llenar" [1243], y que puede tener efectos estimulantes o dañinos "A distancias de / Siglos" [1268]. También hay algún pensamiento para el que no encuentra palabra porque se resiste a comparecer "Y ese – Me desafía", dice la poeta [436]. Otras palabras "vienen una sola / vez" [1476], "En Crónica de Plata" [810], y alguna puede sonar hermosa en la inmediatez de la mañana, pero resultar "Presuntuosa / Pronunciada de Noche" [1301]. La palabra, que se presenta incorpórea "como Párrafos de / Viento" [247], al mismo tiempo es siempre "palabra hecha Carne", plenamente material y encarnada [1715].

En los **Libros** que leía, en los **Cuadernos** cosidos a mano que ella misma escribió y en sus **Cartas**, fue donde finalmente Emily Dickinson encontró, cultivó y transmitió su arte de relacionarse y de comunicar, de modo que sus escritos transcendieran el tiempo, tal como ha ocurrido.

Por eso hemos querido recoger también algunos de sus poemas que testimonian el valor que los libros tenían para ella: "Y este Legado / de Alas / No era más que un Libro –" [1593], "No hay Fragata / como un Libro" [1286], "A mis Libros tan bueno / volver" [512], "Un preciado placer / enmohecido – es – / Encontrar un Libro Antiguo –" [569], "<u>Nuestra</u> Novela – Cuando es / suficientemente pequeña / Para ser Creíble – ¡No es verdadera!" [590]. En cuanto al propósito de sus Cuadernos manuscritos, ella explica en pocas palabras por qué los confeccionó y guardó con esmero, aunque quienes la editaron por primera vez no respetaron su voluntad al alterar su orden: "La Publicación – es la Subasta / de la Mente del Hombre –" [788].

En cuanto a sus Cartas, en una de ellas dirigida a Susan[2], Emily Dickinson escribió: "habrá aventura en el viaje de esta carta hasta llegar a ti […] ¿y no hará eso un poema mejor que cualquiera que pudiera escribirse?". Por eso hemos seleccionado también algunos poemas que reflejan la importancia que ella dio a la correspondencia: "Todas las cartas que yo puedo escribir" [380], "¡Afortunada – Carta! Dile a Ella – / ¡Dile a Ella la página que nunca / escribí!" [277] y, para terminar este libro, el poema que comienza así: "Esta es mi carta al Mundo / Que nunca Me escribió –" [519].

LAS EDITORAS

---

[2] Carta 6, en Emily Dickinson, *Cartas de Amor a Susan*, Madrid, Sabina editorial, 2021, p. 38.

Nota a esta edición

La transcripción y la traducción de Poemas y Cartas están realizadas directamente a partir de los Manuscritos de la autora, evitando así intervenciones editoriales que a lo largo del tiempo no han respetado la obra de Emily Dickinson. Desde 2013, los Manuscritos se pueden consultar libremente en el Emily Dickinson Archive (http://www.edickinson.org/works).

De algunos poemas solo se conservan hoy transcripciones de los manuscritos originales, perdidos a lo largo de los años. Así ocurre con los poemas numerados 1300, 1629, 1689, 1694, 1715 y 1725, para los cuales hemos recurrido a la transcripción de Susan Huntington Dickinson o a las ediciones de T. H. Johnson (1986) y R. W. Franklin (1998).

Párrafos de Viento

Traducción de
Ana Mañeru Méndez y
Carmen Oliart Delgado de Torres

[Poem 1491]

To see the Summer

Sky

Is Poetry, though

never in a Book

it lie –

True Poems

flee –

[Poema 1491]

Ver el Cielo de

Verano

Es Poesía, aunque

nunca se halle

en un Libro –

Los Verdaderos Poemas

huyen –

[253]

I've nothing Else – to bring,
You know –
So I keep bringing These –
Just as the Night keeps
fetching Stars
To our familiar eyes –

Maybe, we should'nt mind them –
Unless they did'nt come –
Then – maybe, it would puzzle us
To find our way Home –

No tengo nada Más – para traer,

Ya sabes –

Así que sigo trayendo Estos –

Tal como la Noche sigue

yendo a por Estrellas

Para nuestros ojos acostumbrados –

Quizás, no las percibiríamos –

A no ser que no vinieran –

Entonces – quizás, nos costaría

Encontrar nuestro camino a Casa –

[703]

To My Small Hearth His fire
came –
And all My House a'glow
Did fan and rock, with
sudden light –
'Twas Sunrise – 'twas the Sky –

Impanelled from no Summer
brief –
With limit of Decay –
'Twas Noon – without the
News of Night –
Nay, Nature, it was Day

[703]

A Mi Pequeño Hogar llegó
Su fuego –
Y toda Mi Casa encendida
Se avivó y estremeció, con
repentina luz –
Era Amanecer – era el Cielo –

Designado no por aviso
de Verano –
Con límite de Ocaso –
Era Mediodía –
sin Noticia de Noche –
Más aún, Naturaleza, era Día –

[455]

It was given to me by

the Gods –

When I was a little Girl –

They give us Presents most –

you know –

When we are new – and small.

I kept it in my Hand –

I never put it down –

I did not dare to eat –

or sleep –

For fear it would be gone –

I heard such words as "Rich" –

When hurrying to school –

From lips at Corners of the Streets –

And wrestled with a smile.

Rich! 'Twas Myself – was

rich –

[455]

Me fue otorgada a mí por

los Dioses –

Cuando era una Niña –

Ellos nos dan el máximo de Regalos –

como sabes –

Cuando somos nuevas – y pequeñas.

Me la guardé en la Mano –

Nunca la solté –

No me atrevía a comer –

o dormir –

Por miedo a que se fuera –

Oí palabras tales como "Rica" –

Cuando me apresuraba a la escuela –

De labios en las Esquinas de las Calles –

Y lidié con una sonrisa.

¡Rica! Era Yo – la que era

rica –

To take the name of Gold –

And Gold to own – in solid

Bars –

The Difference – made me

bold –

Tomar el nombre del Oro –

Y poseer el Oro – en sólidos

Lingotes –

La Diferencia – me hizo

audaz –

[587]

She's happy – with a new

Content –

That feels to her – like

Sacrament –

She's busy – with an altered

Care –

As just apprenticed to the

Air –

She's tearful – if she weep

at all –

For blissful Causes – Most of

all

That Heaven permit so meek

as her –

To such a Fate – to

minister –

[587]

Ella es feliz – con un Contento

nuevo –

Que siente para sí – como

Sacramento –

Está ocupada – con un Interés

distinto –

Como reciente aprendiza del

Aire –

Ella está llorosa – si es que llega

a llorar –

Por Motivos de dicha – Sobre

todo

Porque el Cielo permita a alguien tan humilde

como ella –

Administrar – un Destino

semejante –

[533]

I reckon – When I count

at all –

First – Poets – Then the Sun –

Then Summer – Then the

Heaven of God –

And then – the List is done –

But, looking back – the

First so seems

To Comprehend the Whole –

The Others look a needless Show –

So I write – Poets – All –

Their Summer – lasts a solid

Year –

[533]

Yo calculo – Si es que cuento

alguna vez –

Primero – Poetas – Después el Sol –

Después el Verano – Después el

Cielo de Dios –

Y después – se acabó la Lista –

Pero, al recordar – lo

Primero parece de tal manera

Abarcar el Todo –

Que lo Demás resulta un Espectáculo innecesario –

Así que escribo – Poetas – Todo –

Su Verano – dura un Año

entero –

They can afford a Sun

The East – would deem

extravagant –

And if the Further Heaven –

Be Beautiful as they prepare

For Those who worship Them –

It is too difficult a Grace –

To justify the Dream –

Pueden permitirse un Sol

Que el Este – consideraría

extravagante –

Y si el Cielo Ulterior –

Fuera tan Bello como preparan

Para Quienes Les veneran –

Es una Gracia demasiado difícil –

Para justificar el Sueño –

[627]

I think I was Enchanted
When first a sombre Girl –
I read that Foreign Lady –
The Dark – felt beautiful –

And whether it was noon
at night –
Or only Heaven – at noon –
For very Lunacy of Light
I had not power to tell –

The Bees – became as
Butterflies –
The Butterflies – as Swans –
Approached – and spurned
the narrow Grass –
And just the meanest Tunes

[627]

Yo creo que fui Encantada

Cuando por primera vez una Niña sombría –

Leí a aquella Dama Extranjera –

Lo Oscuro – sentí hermoso –

Y si era mediodía

de noche –

O solo Cielo – a mediodía –

Por pura Demencia de Luz

No tuve el poder de decir –

Las Abejas – se volvieron como

Mariposas –

Las Mariposas – como Cisnes –

Se acercaron – y desdeñaron

la escasa Hierba –

Y justo las Melodías más mediocres

That Nature murmured to
herself
To keep herself in Cheer –
I took for Giants – practising
Titanic Opera –

The Days – to Mighty Metres
stept –
The Homeliest – adorned
As if unto a Jubilee
'Twere suddenly confirmed –

I could not have defined the
change –
Conversion of the Mind
Like Sanctifying in the Soul –
Is witnessed – not explained –

Que la Naturaleza murmuraba

para sí

Para mantenerse Animada –

Las tomé por Gigantes – ensayando

Una Ópera Titánica –

Los Días – marcharon con Poderosa

Métrica –

Los más Corrientes – adornados

Como si para un Jubileo

Hubieran sido repentinamente confirmados –

No podría haber definido

el cambio –

La Conversión de la Mente

Como la Santificación del Alma –

Es testimoniada – no explicada –

'Twas a Divine Insanity –

The Danger to be sane

Should I again experience –

'Tis Antidote to turn –

To Tomes of Solid Witchcraft –

Magicians be asleep –

But Magic – hath an element

Like Deity – to keep –

Fue una Divina Insania –

Si el Peligro de estar cuerda

Volviera yo a experimentar –

Es Antídoto el volver –

A Tomos de Sólida Brujería –

Las Magas pueden estar dormidas –

Pero la Magia – tiene un elemento

Como la Deidad – a preservar –

[446]

This was a Poet –

It is That

Distills amazing sense

From Ordinary Meanings –

And Attar so immense

From the familiar species

That perished by the Door –

We wonder it was not

Ourselves

Arrested it – before –

Of Pictures, the Discloser –

The Poet – it is He –

Entitles Us – by Contrast –

To ceaseless Poverty –

[446]

Esto era un Poeta –

Es Lo Que

Destila sentido asombroso

De Significados Corrientes –

Y Esencia tan inmensa

De las especies familiares

Que perecieron junto a la Puerta –

Que nos admiramos de no haber sido

Nosotras

Quienes la retuvimos – antes –

De Imágenes, el Desvelador –

El Poeta – es Él –

Quien Nos designa – por Contraste –

A incesante Pobreza –

Of Portion – so unconscious –

The Robbing – could not harm –

Himself – to Him – a Fortune –

Exterior – to Time –

De Porción – tan inconsciente –

Que el Robo – no podría dañar –

Él mismo – para Él – una Fortuna –

Externa – al Tiempo –

[**1207**]

The Voice that
stands for Floods
to me
Is sterile borne
to some –
The Face that
make the
Morning mean
Glows impotent
on them –

What difference
in Substance lies
That was is
Sum to me
By other Financiers
be deemed
Exclusive Poverty!

[1207]

La Voz que

para mí

representa Abundancia

Nace estéril

para algunos –

La Cara que

hace que

la Mañana signifique

Resplandece impotente

sobre ellos –

¡Qué diferencia

yace en la Sustancia

Que lo que

para mí es Suma

Por otros Financieros

sea estimado

Exclusiva Pobreza!

Dear friend –

To try

to speak, and

miss the way

And ask it

of the Tears,

Is Gratitude's

sweet poverty,

The Tatters

that he wears –

A better Coat

if he possessed

Would help

him to conceal,

[1629]

Querida amiga –
Tratar
de hablar, y
errar el camino
Y preguntárselo
a las Lágrimas,
Es la dulce pobreza
de la Gratitud,
Los Harapos
que ella lleva –

Un Abrigo mejor
si tuviera
Le serviría
para esconder,

Not subjugate,

the Mutineer

Whose tittle is

"the Soul" –

      Emily

      with love –

No subyugar,

a la Amotinada

Cuyo título es

"el Alma" –

    Emily

    con amor –

[1725]

If I could tell how glad I was

I should not be so glad –

But when I cannot make the Force

Nor mould it into word

I know it is a sign

That new Dilemma be

From mathematics further off

Than from Eternity

[1725]

Si pudiera decir lo contenta que estaba

No estaría tan contenta –

Pero cuando no puedo Forzarlo

Ni amoldarlo a palabra

Yo sé que es un signo

Ese nuevo Dilema estará

De las matemáticas más lejos

Que de la Eternidad

[1689]

To tell the Beauty would decrease

To state the spell demean

There is a syllableless Sea

Of which it is the sign

My will endeavors for it's word

And fails, but entertains

A Rapture as of Legacies –

Of instrospective mines –

Emily

Decir la Belleza disminuiría

Enunciar el hechizo rebajaría

Hay un Mar sin sílaba

Del cual ella es el signo

Mi voluntad se esfuerza por su palabra

Y fracasa, pero alberga

Un Rapto como de Legados –

De minas introspectivas –

Emily

The Definition of

Beauty, is

That Definition is

none –

Of Heaven, easing

Analysis,

Since Heaven

and He

Are One –

    Emily –

[**797 (Carta 118**)]

La Definición de

Belleza, es

Que no hay ninguna

Definición –

De Cielo, facilitando

el Análisis,

Ya que Cielo

y Ella

Son Una –

    Emily –

[1694]

Speech is one symptom of affection

And Silence one –

The perfectest communication

Is heard of none

Exists and it's endorsement

Is had within –

Behold said the Apostle

Yet had not seen!

[1694]

El Habla es un síntoma de afecto
Y el Silencio uno –
La comunicación perfectísima
No es oída por nadie

Existe y su garantía
Se tiene dentro –
Mirad dijo el Apóstol
¡Aunque no había visto!

[540]

If What we Could

Were what we would;

Criterion be small –

It is the Ultimate – of Talk –

The Impotence to tell.

[540]

Si Lo Que Pudiéramos

Fuera lo que hiciéramos;

El Criterio sería pequeño –

Es lo Esencial – del Habla –

La Impotencia de decir.

[**1300**]

Silence is all

we dread.

There's Ransom

in a Voice –

But Silence

is Infinity.

Himself have

not a face.

[**1300**]

El Silencio es todo

lo que tememos.

Hay Rescate

en una Voz –

Pero el Silencio es

Infinidad.

Él mismo no tiene

una cara.

[**1263**]

Tell all the truth

but tell it slant –

Succes in Circuit

lies

Too bright to our

infirm Delight

The Truth's superb

surprise

As Lightning to

the Children eased

With explanation kind

The Truth must

dazzle gradually

Or every man be

blind –

[1263]

Di toda la verdad
pero dila sesgada –
El Éxito está en el
Rodeo
Demasiado brillante para nuestro
inseguro Deleite
La soberbia sorpresa de la
Verdad
Como el Relámpago
atenuado para la Infancia
Con explicación amable
La Verdad tiene que
deslumbrar gradualmente
O todo hombre quedaría
ciego –

[278]

A word is dead, when it is said

Some say –

I say it just begins to live

That day

[278]

Una palabra se muere, cuando es dicha

Dicen algunos –

Yo digo que justo empieza a vivir

Ese día

[1243]

Shall I take thee, the

Poet said

To the propounded word?

Be stationed with the

Candidates

Till I have finer

tried –

The Poet searched

Philology

And was about to ring

for the suspended

Candidate

[**1243**]

¿Te escogeré a ti, dijo

la Poeta

A la palabra propuesta?

Quédate apostada con las

Candidatas

Hasta que yo haya afinado

mejor –

La Poeta buscó

la Filología

Y estaba a punto de convocar

a la Candidata

en espera

There came unsummoned in –

That portion of the Vision

The Word applied to

fill

Not unto nomination

The Cherubim reveal –

Allí entró sin ser llamada –

Esa parte de la Visión

Que la Palabra aspiraba

a llenar

No hasta la nominación

Revelará el Querubín –

A Word dropped

careless on a Page

May stimulate an

Eye

When folded in

perpetual seam

The Wrinkled Author

lie

Infection in the

sentence breeds

And we inhale

Despair

At distances of

Centuries

From the Malaria –

[1268]

Una Palabra dejada caer
al descuido en una Página
Puede estimular un
Ojo
Cuando plegada en
costura perpetua
La Arrugada Autora
yazga

La Infección se reproduce en la
frase
E inhalamos
Desesperación
A distancias de
Siglos
De la Malaria –

[436]

I found the words to every

thought

I ever had – but One –

And that – defies Me –

As a Hand did try

to chalk the Sun

To Races – nurtured in

the Dark –

How would your Own – begin?

Can Blaze be shown in

Cochineal –

Or Noon – in Mazarin?

[436]

Encontré las palabras para cada

pensamiento

Que he tenido alguna vez – excepto para Uno –

Y ese – Me desafía –

Como una Mano que realmente intentara

dibujar con tiza el Sol

Para Razas – criadas en

la Oscuridad –

¿Cómo – empezaría – la Tuya?

¿Puede la Llamarada mostrarse en el

Grana

O el Mediodía – en el Azul Rojizo?

[1476]

Your thoughts dont
have words every
day
They come a single
time
Like signal esoteric
sips
Of the communion
Wine
Which while
you taste so
native seems
So easy so to be
You cannot comprehend
it's price –
Nor it's infrecuency

[1476]

Tus pensamientos no
tienen palabras todos los
días
Ellas vienen una sola
vez
Como señal de sorbos
esotéricos
Del Vino de
comunión
Que mientras
tú saboreas parece
tan natural
Tan fácil que sea así
Que no puedes comprender
su precio –
Ni su infrecuencia

[**810**]

The Robin for the Crumb

Returns no syllable

But long records the

Lady's name

In Silver Chronicle.

[810]

El Petirrojo por la Miga

No devuelve ni una sílaba

Pero graba largo tiempo el

nombre de la Dama

En Crónica de Plata.

[**1301**]

When Memory

is full

Put on

the perfect Lid –

This Morning's

finest syllable

Presumptuous

Evening said –

[1301]

Cuando la Memoria

está llena

Ponle

la Tapa perfecta –

La sílaba más hermosa

de esta Mañana

Presuntuosa

pronunciada de Noche –

[**1247**]

I like a Hairbreadth

'scape

It tingles in the Mind

Far after Act or

Accident

Like paragraphs of

Wind

If I had ventured

less

The Breeze were not

so fine

That reaches to our

utmost Hair

It's Tentacles divine.

[1247]

Me gusta escapar

de Milagro

Eso vibra en la Mente

Mucho después del Acto

o Accidente

Como párrafos de

Viento

Si yo hubiera aventurado

menos

No sería la Brisa

tan fina

Que alarga hasta nuestro

Último Cabello

Sus Tentáculos divinos.

[1715]

A word made Flesh is seldom

And tremblingly partook

Nor then perhaps reported

But have I not mistook

Each one of us have tasted

With ecstasies of stealth

The very food debated

To our specific strength –

A word that breathes distinctly

Has not the power to die

Cohesive as the Spirit

It may expire if He –

"Made Flesh and dwelt among us"

Could condescension be

Like this consent of Language

This loved Philology

                    Emily

[1715]

Una palabra hecha Carne es infrecuente

Y temblorosamente compartida

Tampoco entonces quizá relatada

Pero si no me equivoco

Cada una de nosotras ha probado

Con éxtasis furtivo

El propio alimento a debate

Según nuestra fuerza específica –

Una palabra que respira claramente

No tiene el poder de morir

Cohesiva como el Espíritu

Ella podría expirar si Él –

"Que Se hizo Carne y habitó entre nosotras"

Pudiera ser condescendencia

Como este consentimiento de Lenguaje

Esta amada Filología

                    Emily

[1593]

He ate and

drunk the

precious Words –

His Spirit grew

robust –

He knew no more

that he was poor,

Nor that his

frame was

Dust –

He danced

along the dingy

Days

And this Bequest

of Wings

Was but a Book –

[1593]

Comió y

bebió las

Palabras preciosas –

Su Espíritu creció

fuerte –

Nunca más supo

que era pobre,

Ni que su

entramado era

Polvo –

Danzó

durante los Días

lúgubres

Y este Legado

de Alas

No era mas que un Libro –

What Liberty

A loosened Spirit

brings –

Qué Libertad

Procura un

Espíritu sin trabas –

[1286]

There is no Frigate
like a Book
To take us Lands
away
Nor any Coursers like
a Page
Of prancing Poetry –
This Travel may the
poorest take
Without oppress of Toll –
How frugal is the
Chariot
That bears the Human Soul –

[1286]

No hay Fragata

como un Libro

Para llevarnos a Tierras

lejanas

Ni Corceles como

una Página

De trenzada Poesía –

Este Viaje lo puede hacer

quien muy pobre

Sin agobio de Peaje –

Qué frugal es la

Carroza

Que lleva el Alma Humana –

[512]

Unto my Books – so good

to turn –

Far ends of tired Days –

It half endears the Abstinence –

And Pain – is missed – in Praise.

As Flavors – cheer Retarded

Guests

With Banquettings to be –

So Spices – stimulate the time

Till my small Library –

It may be Wilderness – without –

Far feet of failing Men –

But Holiday – excludes the night –

And it is Bells – within –

[512]

A mis Libros – tan bueno

volver –

Lejanos finales de Días cansados –

Eso hace casi amar la Abstinencia –

Y el Dolor – se disipa – en la Alabanza.

Como los Aromas – alegran a Huéspedes

Retrasados

Con Festines por venir –

Así las Especias – estimulan el tiempo

Hasta mi pequeña Biblioteca –

Puede ser Desierto – afuera –

Pies lejanos de Hombres desfallecidos –

Pero la Celebración – excluye la noche –

Y son Campanas – dentro –

I thank these Kinsmen of the Shelf –

Their Countenances Kid

Enamor – in Prospective –

And satisfy – obtained –

Doy las gracias a estos Parientes del Estante –

Sus Caras Embaucan

Enamoran – En Expectativa –

Y satisfacen – una vez obtenidos –

[569]

A precious – mouldering
pleasure – 'tis –
To meet an Antique Book –
In just the Dress his
Century wore –
A privilege – I think –

His venerable Hand to take –
And warming in our own –
A passage back – or two – to
make –
To Times when he – was young –

His quaint opinions – to inspect –
His thought to ascertain
On Themes concern our mutual
mind –
The Literature of Man –

[569]

Un preciado – placer

enmohecido – es –

Encontrar un Libro Antiguo –

Justo con el Traje que

Se llevaba en su Siglo –

Un privilegio – pienso –

Coger su Mano venerable –

Y calentándola en la nuestra –

Retroceder uno – o dos –

pasajes –

A Tiempos de cuando – era joven –

Inspeccionar – sus singulares opiniones –

Averiguar su pensamiento

Sobre Temas que conciernen a nuestras mutuas

mentes –

La Literatura del Hombre –

What interested Scholars – most –

What Competitions ran –

When Plato – was a Certainty –

And Sophocles – a Man –

When Sappho – was a living

Girl –

And Beatrice wore

The Gown that Dante – deified –

Facts Centuries before

He traverses – familiar –

As One should come to Town –

And tell you all your Dreams –

were true –

He lived – where Dreams were born –

Qué interesaba – más – a las y los Eruditos

Qué Competiciones se hacían –

Cuando Platón – era una Certidumbre –

Y Sófocles – un Hombre –

Cuando Safo – era una Chica

viva –

Y Beatriz llevaba

El Vestido que Dante – deificó –

Hechos de Siglos anteriores

Él atraviesa – con familiaridad –

Como Alguien que viniera a la Ciudad –

Y te dijera que todos tus Sueños –

eran verdad –

Él vivió – donde nacieron los Sueños –

His presence is enchantment –

You beg him not to go –

Old Volumes shake their

Vellum Heads

And tantalize – just so –

Su presencia es Encantamiento –

Le suplicas que no se vaya –

Viejos Volúmenes agitan sus

Títulos de Pergamino

Y se muestran inasequibles – justo así –

[590]

No Romance sold

unto

Could so enthral

a Man

As the perusal of

His Individual One –

'Tis Fiction's – to dilute

to Plausibility

<u>Our</u> Novel – When 'tis

small enough

To Credit – 'Tis'nt true! –

[590]

Ningún Romance que

se le venda

Podría cautivar tanto

a un Hombre

Como la lectura atenta del

Suyo Individual –

Es propio de la Ficción – el diluir

hasta lo Aceptable

<u>Nuestra</u> Novela – Cuando es

suficientemente pequeña

Para ser Creíble – ¡No es verdadera! –

[788]

Publication – is the Auction

Of the Mind of Man –

Poverty – be justifying

For so foul a thing

Possibly – but We – would
rather

From Our Garret go

White – unto the White Creator –

Than invest – Our Snow –

Thought belong to Him who
gave it –

Then – to Him Who bear

It's Corporeal illustration – sell

The Royal Air –

[788]

La Publicación – es la Subasta
De la Mente del Hombre –
Que Pobreza – esté justificando
Cosa tan vil

Puede ser – pero Nosotras –
preferiríamos
Ir desde Nuestra Buhardilla
Blancas – hacia el Blanco Creador –
Que invertir – Nuestra Nieve –

El pensamiento pertenezca a Quien
lo dio –
Por tanto – a Quien lleve
Su muestra Corpórea – vended
En el Paquete –

In the Parcel – Be the Merchant

Of the Heavenly Grace –

But reduce no Human Spirit

To Disgrace of Price –

El Aire Real – Sea el Mercader

De la Gracia Celestial –

Pero no reduzcáis ningún Espíritu Humano

A Ignominia de Precio –

[**380**]

All the letters I can

write

Are not fair as this –

Syllables of Velvet –

Sentences of Plush,

Depths of Ruby, undrained,

Hid, Lip, for Thee –

Play it were a Humming Bird –

And just sipped – me –

Emily –

[**380**]

Todas las cartas que yo puedo

escribir

No son tan hermosas como esta –

Sílabas de Terciopelo –

Frases de Felpa,

Profundidades de Rubí, sin apurar,

Escondidas, Labio, para Ti –

Juega a que era un Colibrí –

Y – me – acababa de sorber

                    Emily –

[277]

Going – to – Her!

Happy – Letter! Tell Her –

Tell Her – the page I never

wrote!

Tell Her, I only said –

the Syntax –

And left the Verb

and the Pronoun – out!

Tell Her just how the fingers –

hurried –

Then – how they – stammered –

slow – slow –

And then – you wished

you had eyes – in your

pages –

So you could see – what moved – them –

so –

[277]

¡Vas – hacia – Ella!
¡Afortunada – Carta! Dile a Ella –
¡Dile a Ella – la página que nunca
escribí!
¡Dile a Ella, que solo dije –
la Sintaxis –
Y dejé el Verbo
y el Pronombre – fuera!
Dile a Ella exactamente cómo los dedos –
se apresuraron –
Después – cómo tartamudearon –
despacio – despacio –
Y después – querrías
tener ojos – en tus
páginas –
Para poder ver – lo que – les – conmovía –
tanto –

Tell Her – it was'nt

a practised Writer –

You guessed –

From the way the sentence –

toiled –

You could hear the

Boddice – tug – behind you –

As if it held but the

might of a Child!

You almost pitied – it –

you – it worked so –

Tell Her – No –

you may quibble – there –

For it would split

Her Heart – to know it –

And then – you and I –

were silenter!

Dile a Ella – que no se trataba de

una Escritora experta –

Lo adivinaste –

Por la manera en que la frase –

se esforzaba –

Podías oír el

Corpiño – afanarse – detrás de ti –

¡Como si solo tuviera el

poder de una Criatura!

Tú casi – la – compadeciste

tú – trabajaba tanto –

Dile a Ella – No –

puedes evitar – esto –

Porque Le partiría

el Corazón – saberlo –

¡Y entonces – tú y yo –

estaríamos más calladas!

Tell Her – Day – finished –

before we – finished –

And the old Clock

kept neighing – "Day"!

And you – got sleepy –

And begged to be ended –

What could – it hinder

so – to say?

Tell Her – just how she –

sealed – you – Cautious!

But – if she ask "where

you are hid" – until the

evening –

Ah! Be bashful!

Gesture Coquette –

And shake your Head!

                    Emily –

Dile a Ella que – el Día – terminó –

antes de que nosotras – termináramos –

Y el viejo Reloj

siguió relinchando – ¡"Día"!

Y tú – te adormeciste –

Y rogaste que te acabara –

¿Qué le podría – impedir

tanto – el decir?

Dile a Ella – justo cómo ella –

te – selló – ¡Cautelosa!

Pero – si ella preguntara "dónde

estás escondida" – hasta el

atardecer –

¡Ah! ¡Ruborízate!

¡Haz un gesto Coqueto –

Y menea la Cabeza!

        Emily –

[519]

This is my letter to the World

That never wrote to Me –

The simple News that Nature told –

With tender Majesty

Her Message is committed

To Hands I cannot see –

For love of Her – Sweet – country –

men –

Judge tenderly – of Me

[519]

Esta es mi carta al Mundo

Que nunca Me escribió –

Las sencillas Noticias que contó la Naturaleza –

Con tierna Majestad

Su mensaje confiado

A Manos que yo no puedo ver –

Por amor a Ella – Dulces –

paisanos –

JuzgadMe – con ternura

List of Poems

Índice de poemas

© de la presente edición para todo el mundo: Sabina editorial, S.L., 2024. Calle Víctor de la Serna, 7, 28016, Madrid / www.sabinaeditorial.com / sabinaeditorial@sabinaeditorial.com. © de la selección, el prólogo y la traducción: Ana Mañeru Méndez y Carmen Oliart Delgado de Torres, 2024. © de las ilustraciones: Emily Dickinson's Herbarium [MS Am 1118.11.], Houghton Library, Harvard University. Fuentes consultadas para esta edición: Emily Dickinson, *Cartas de Amor a Susan*, Madrid, Sabina editorial, 2021; Emily Dickinson, *Poemas y Cartas 1-600*, Madrid, Sabina editorial, 2023; y Emily Dickinson Archive, http://www.edickinson.org/works.

Primera edición: marzo de 2024. ISBN: 978-84-127925-0-8. Depósito legal: M-6068-2024. IBIC/THEMA: DCF.

Diseño de cubierta e interiores: Exilio Gráfico.

Impresión: Estugraf.

Colección MÍNIMA

Este libro se
imprimió en Madrid
durante la primavera
de 2024